LE
Jugement Dernier

CONDAMNATION A MORT
D'UN PARTI.

Nécessité du Ministère Polignac.

VIVE LE ROI!   *VIVE LA CHARTE!*

PAR UN DÉPUTÉ.

Prix: 75 Centimes.

Paris,

A LA LIBRAIRIE UNIVERSELLE,
RUE VIVIENNE, N° 2 BIS.

—

1829.

LE JUGEMENT

DERNIER.

CONDAMNATION A MORT

D'UN PARTI.

NÉCESSITÉ DU MINISTÈRE POLIGNAC.

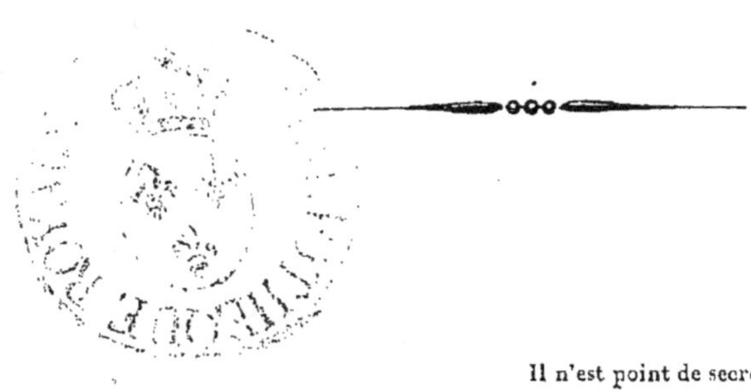

Il n'est point de secret que le temps ne révèle.

Une monarchie tempérée est la constitution qui approche le plus de la perfection : c'est un état mitoyen pour l'homme entre la convulsion républicaine et l'affaissement de l'humanité sous le despotisme.

Telle est la monarchie selon la Charte; chacun des trois pouvoirs a ses degrés et se trouve placé dans une sphère tellement circonscrite ou dépendante, que l'action de l'un ne peut en quelque sorte se manifester sans la volonté de l'autre. Néanmoins, l'initiative est réservée au pouvoir royal, et nous avons reconnu le principe que le Roi *ne peut vouloir le mal;* principe divin et sacré, qui signifie que le Roi, étant la source d'où émane toute justice, son pouvoir est, par cela même, inattaquable et légitime.

Mais, ce qui, à nos yeux, doit légitimer encore davantage le pouvoir royal, c'est que le sceptre des Bourbons n'est point un sceptre de fer, mais un sceptre de clémence et de bonté.

D'où viennent donc, depuis quelques jours, ces alarmes répétées, ces cris de journaux, ces vociférations de la presse libre ?

La patrie serait-elle en danger, ou bien la société est-elle menacée dans son existence ?

Rien de tout cela : l'accord le plus parfait existe entre notre Gouvernement et les puissances européennes; la justice a son libre arbitre dans nos tribunaux; la plus riche moisson s'annonce dans les guérets de nos paisibles campagnes, et nos cités laborieuses restent calmes et tranquilles.

Cependant une tourmente extraordinaire travaille nos esprits politiques, ils exhalent la haine, la colère, la vengeance, la fureur. Chaque matin, l'atmosphère est grosse de tempêtes, les vents sont déchaînés, Neptune lui-même, dans sa retraite profonde, n'est plus en sûreté, l'onde est agitée, et le vaisseau de l'Etat va périr ! D'où vient donc un tel bouleversement ? Attendez; un seul mot va faire rentrer les vents dans leurs cavernes et Neptune montrant son trident, aura bientôt rétabli son empire. *Quos ego !.....* Mais je vais vous redire nos grands malheurs :

« Le Roi, dans sa haute sagesse, a cru devoir changer son conseil des Ministres ; un portefeuille, échappé d'une main, est tombé dans une autre, et voilà le sujet de tant d'alarmes si chaudes. »

Remettez-vous, Messieurs,

Nous vivons sous un prince ennemi de la fraude.

Il sait tout ce qu'il faut de vigueur pour maintenir les lois, et dès long-temps vous lui avez appris que le pouvoir, sans la force, est bientôt déchu ; il se montrera donc en Roi, mais en Roi puissant et sage,

La balance à la main, pesant la vérité,
Prêt à bannir l'audace, et non la liberté.

Qu'il y a loin de cette royale conduite à celle que naguère on vous vit encenser. Quand des bords de la Vistule, Bonaparte, dégradant ses maréchaux d'empire, les renvoyait aux rives de la Seine, *pour y soigner leur santé bien portante ;* quand, tour à tour, Augereau, Masséna, Victor et Oudinot étaient publiquement disgraciés, l'armée française victorieuse allait-elle périr pour cela ? Non certes ; mais ces exemples de sévérité resserraient à propos les liens de la discipline, et les aigles de l'usurpateur se faisaient respecter. Alors vous vous taisiez, Messieurs de la république et de l'empire, et, peut être admiriez-vous en secret ce nerf politique qui vous imposait silence, *ad majorem ejus gloriam*, et prolongeait ainsi l'existence d'un trône usurpé.

Maintenant que nous vivons sous un Gouvernement autrement éclairé et surtout plus honorable pour l'homme ; quand nous reconnaissons que nos Princes légitimes ont brisé pour nous les fers du despotisme et qu'ils ont cimenté, par un pacte de libre octroi, des institutions que nous voulons conserver à jamais, pourquoi donc contester au Roi le droit incontestable de choisir ses Ministres ? Voulez-vous donc mettre la royauté en tutelle, et lui arracher, une à une, les prérogatives qui sont la garantie de sa force et de son existence, comme elles assurent pour vous le maintien des droits, qu'à justes titres, vous pourriez revendiquer, si la royauté vous les contestait ?

Eh quoi ! quand un Monarque vigilant apercevra dans ses conseils, de l'hésitation, de la dissidence ou de la faiblesse, vous voulez que, pour vous plaire, il abandonne le vaisseau de l'État aux vagues incertaines et trompeuses d'une politique craintive et sans boussole.

Si tels étaient vos conseils, vous seriez traîtres à vous-mêmes ; car, vous le savez très-bien, point de Gouvernement possible sans l'unité d'action. Voilà pourquoi vous nous parlez sans cesse de majorité.

Qu'est-ce donc que la majorité, si ce n'est le centre d'unité et d'union qui part d'abord des conseils du Roi, pour aller se refléter dans la majorité des Chambres ? Et ces majorités, qui les formera, si ce n'est la confiance et la conviction ? Or, pour que le Roi ait confiance dans ses Ministres, veuillez bien lui accorder le droit de les choisir, de même que vous choisissez vos Députés; et pour que la conviction du bien puisse se communiquer à vos esprits agités, laissez-les du moins parler, ces Ministres, et ne les condamnez pas sans les avoir entendus. C'est par ses actes que le pouvoir doit être jugé; les injures et les menaces ne pourraient que l'indisposer contre vous, et dégrader votre caractère d'hommes libres.

Que, si pour un instant, vous voulez bien descendre dans vos consciences, un cri de remords doit s'y faire entendre ! Vous reconnaissez que la monarchie légitime n'a besoin, pour être forte, ni de tyrannie, ni de despotisme; elle existe par le droit, bien plus que par le fait, et comme elle marche appuyée sur la modération et l'équité qui ne varient point, son règne doit être éternellement durable, éternellement respecté et chéri. Qu'entend-on par le pouvoir légal, si ce n'est le règne des lois ? Et que sera la liberté, sans le respect de toutes les choses légitimes et sacrées, sinon le bouleversement de toutes les idées sociales ?

Allez au-delà de ces principes, vous tombez dans la licence qui tue la liberté, et dans l'anarchie qui détruit l'empire le mieux fondé.

En vain un Monarque sage, et prodigue de bien-faits envers son peuple, en vain des Ministres bien intentionnés voudraient-ils la renaissance des bonnes mœurs et de l'ordre social, si la presse s'obstinait à ne publier que des doctrines subversives. Les publicistes éclairés et les hommes de bien y regarderont à deux fois. On pardonne une boutade à la mauvaise humeur, à l'irréflexion, à l'esprit de parti; mais la persévérance dans le mal rend indigne d'indulgence et de compassion.

Nous convenons tous que la liberté de la presse est nécessaire à l'état présent de la société riche de lumières; mais la liberté de la presse n'est pas la faculté de tout blâmer et de tout dire, comme la liberté des individus n'est pas la faculté de tout faire en public, de tout convoiter et de tout entreprendre. Malheur donc à qui oserait aujourd'hui troubler la paix des nations et le bonheur des familles, en semant la défiance et l'irritation dans le cœur des citoyens! L'autorité veille.

Quoi qu'il en soit, la presse marche tête levée, s'appuyant sur cette Charte qui fut le berceau de toutes les libertés de la France; mais qui serait, au besoin, l'écueil et le tombeau de la licence.

Je ne veux point recourir au chapitre des interprétations, j'en appelle à la conscience des écrivains. Heureux ceux qui, sachant, comme nous, s'oublier eux-mêmes, ne voient que l'intérêt de leurs semblables, et ne désirent, sur toutes choses, que la prospérité, la félicité durables de leur pays! Heureux les écrivains qui ont su lire avec compassion, avec probité, les désordres de Rome au temps de Marius et de Sylla, au temps de Jules César, immolé par des factieux, au temps de Brutus et de Cassius, au temps de Lépide et d'Antoine! Heureux l'écrivain qui n'a su voir dans Catilina et dans le cardinal de Retz, que d'insolens perturbateurs, dignes de toute la vindicte publique! Heureux l'écrivain qui n'a jamais vendu sa plume aux tyrans, et qui n'a jamais senti palpiter son cœur que pour les vertus civiques du grand Cicéron, et pour les touchantes vertus de Charles Ier et de Louis XVI!

A de tels écrivains, les auréoles académiques sont peu de chose, l'approbation des cœurs honnêtes et l'estime intérieure sont tout.

Revenons au triste spectacle du jour, et soulevons pour un instant le rideau qui voile à nos yeux la scène politique du moment. D'un côté, nous apercevons des ambitions déçues, un triomphe manqué, une cause perdue; de l'autre, des hommes de bonne foi, serviteurs zélés de la monarchie, et dévoués à leur Roi; mais assaillis par l'intrigue, défigurés par la mauvaise foi, attristés, découragés peut-être par l'imprudente calomnie. Je ne prétends point les recommander pour ce qu'ils ont fait; mais je les remercie, au nom de la France entière, pour tout ce qu'ils n'ont pas fait et qu'ils auraient pu faire, si, moins bien inspirés et moins religieux, ils se fussent laissé aller à l'entraînement de la vengeance et à l'éblouissement du pouvoir. Leur conduite, pleine de mesure et de sagesse, est certainement d'un très-bon augure pour l'avenir.

Mais, patience, les esprits abusés ne peuvent tarder à reconnaître leur erreur ; la France, fatiguée de l'agiotage politique, commence à s'éclairer sur ses véritables intérêts, et à faire justice des agitateurs de l'esprit public. Dans cette lutte désordonnée de tous les journaux contre le droit et la volonté du monarque, le peuple français est resté calme et impassible, pour ne pas dire indifférent ; mais les hommes instruits, mais les penseurs profonds, et cette jeunesse studieuse qui conserve une attitude si digne d'estime et d'applaudissemens, tout ce qui porte un cœur et un esprit français enfin, ont jugé souverainement ces débats scandaleux, et cette fois la presse a perdu son procès.

Le gouvernement représentatif est encore nouveau pour nous. A peine affranchis de la servilité et du despotisme le plus avilissant, nous tombons tout à coup dans l'ère heureuse de la liberté. Semblables à des gens qui auraient jeûné pendant un long temps, et seraient affamés, nous allons inconsidérément, et avec trop d'avidité, nous jeter sur cette nourriture séduisante qui s'offre à nos esprits. Rebelles aux lois de l'hygiène publique, nous nous inquiétons peu de savoir si les forces vitales, si la santé du corps social tout

entier ne seront point altérées à la suite de notre in-
tempérance.

Avons-nous donc le droit de publier librement
toutes les pensées? — Oui, si elles sont morales! —
Non, si elles sont dangereuses.

L'instinct des êtres animés a fait naître, chez eux,
le sentiment de leur conservation. Ainsi, la société a
dû, pour sa sauve garde, se réserver le droit légitime
et naturel de prohiber tout ce qui tendrait à sa des-
truction, même la pensée, qui cesse d'être insaisissa-
ble, lorsquelle sort du for intérieur pour se manifester à l'extérieur.

Sans doute, il vous sera permis de cultiver chez
vous le pavot somnifère et la ciguë vénéneuse; mais il
vous est bien défendu de les faire avaler à qui que ce
soit. Les lois conservatrices du corps social ayant
prohibé l'usage des poisons meurtriers dans l'intérêt
de notre propre conservation à tous, elles ont dû
interdire également la propagation des pensées dangereuses, en les considérant comme un poison moral qui
tue la société. Voilà la vraie doctrine qui désormais
réglera la jurisprudence de nos Cours de justice, et
cette seule doctrine, bien mieux que les coups d'État,
suffira pour que tout rentre dans l'ordre et que la
Monarchie s'affermisse, sinon par le désir des récom-
penses, au moins par la crainte des châtimens.

Depuis quinze ans que je combats pour le triomphe
des principes, j'ai toujours regardé, comme un grand
malheur, que les ministres du Roi aient, en quelque

sorte, exclu les jeunes écrivains de tous les emplois publics. Ils ont ainsi formé, peu à peu, une république dans la monarchie, et la classe nombreuse des hommes de lettres a dû chercher son existence dans les moyens extrêmes, trop souvent commandés par le besoin ; semblables à ces partisans armés pour la bonne cause, mais que le manque de vivres va forcer au pillage.

Il serait bien à désirer que le Gouvernement appelât également tous les citoyens au partage des emplois publics, et n'en fît le privilége exclusif d'aucune faction.

La Monarchie représentative est également pétrie d'aristocratie et de démocratie. Le Monarque doit voir avec plaisir que le talent de la parole, la valeur et l'enthousiasme pour la chose publique, que l'esprit supérieur, le génie de l'homme et l'énergie de l'ame se frayent indistinctement la route à tous les honneurs. Tout ce qui est probité, dévoûment et fidélité, doit être promptement récompensé. Tout ce qui est félonie, crime ou trahison, doit être sévèrement puni. Dès-lors, la plus noble émulation échauffera tous les esprits actifs, ranimera toutes les espérances. Les hommes de lettres, les premiers, flétriront les erreurs du passé, pour ne s'attacher qu'à la gloire du présent et à l'espérance de l'avenir.

Je ne m'étais proposé, dans cet écrit fugitif, que de mettre le doigt sur quelques plaies que l'on ne peut trop signaler. Mais dois-je terminer mes observations sans jeter un coup-d'œil rapide sur l'ensemble de la Chambre des Députés qui, seule, est cause du mouvement actuel.

Quelle a été l'attitude de cette Chambre dans les deux dernières sessions? La première a marqué son commencement par la fuite de l'un des chefs de parti; l'autre a fini par la désertion de deux des membres les plus influens du côté gauche. Si c'est là du courage civique, il n'est pas difficile de passer pour brave. voilà bien la condamnation *à mort;* quitter la partie, c'est la perdre.

Mais qu'a fait la Chambre pendant la durée fatigante de ses interminables débats? Quels hommes se sont montrés à la hauteur de leur noble mission? Au lieu de s'attacher aux principes qui fortifient les Etats, on a cherché à dégrader le pouvoir exécutif, à l'avilir, à le désarmer. Aujourd'hui pour le ministère, demain contre lui ; tantôt chantant victoire, et tantôt battant en retraite. Les Députés dans lesquels la France se confiait pour le soin du grand intérêt national ont abordé la tribune en avocaçant et chicanant comme des clercs de palais, satisfaits de pouvoir rogner sur un budget quelques écus enlevés à de malheureux commis de bureau, ou contens de batailler contre les fournisseurs des réchaux d'une excellence déménagée. Les questions d'ordre public n'ont eu pour eux aucun attrait, et nous les avons vu s'absenter au jour du combat. Plusieurs ont obtenu du Gouvernement des faveurs qui devaient être la récompense de services rendus ; d'autres, à la vérité, n'ont eu que la honte d'avoir demandé sans succès. Ce qui a paru le plus clairement démontré, c'est l'égoïsme général.

Loin de moi la pensée que quelques Députés aient cherché à se vendre; mais il est certain que la plupart brûlaient d'envie de se donner. Le ministère craintif, vacillant et divisé, n'a pas su tirer parti de sa position et de ses avantages, il s'est livré sans prévoyance à une politique niaise et toute de sentiment; dès-lors, la Chambre, abandonnée à sa propre incompatibilité d'humeur, a fait, pour ainsi dire, divorce avec elle – même, et divorce avec le pouvoir.

Mais au surplus, si c'est un malheur, il est facile à réparer, et les moyens ne nous manquent pas. En France, on peut en appeler de la nation abusée à la nation éclaircie, et la bonne cause est toujours sûre de triompher.

N'était-ce pas un vrai contre-sens politique, une anomalie dangereuse dans la monarchie, de voir une opposition formée par la coalition des hommes monarchiques, tandis que, de son côté, la prétendue majorité qui devait gouverner, ne s'occupait qu'à susciter des entraves au pouvoir, et à paralyser son action? L'opposition en était réduite à demander au Gouvernement des garanties pour sa propre existence. Tout cela était par trop absurde pour que la haute sagesse du Monarque n'y portât pas un prompt remède. Il est donc évident que la discorde agitait ses torches et ses serpens ; or , c'est par la discorde que les plus grands empires tombent et périssent.

Grâces soient. rendues à notre Roi bien-aimé ; cette fois encore, en appelant la vigueur dans son conseil , il a sauvé nos libertés du naufrage , et sa royale bonté nous les conserve intactes, malgré leur horrible penchant à se suicider.

Il est de la nature et de l'essence du Gouvernement représentatif qu'il y ait dans les Chambres une opposition. Mais le régime des extrêmes est contraire à la vie de ce gouvernement ; tout doit être balancé dans un mouvement égal. Il faut que la force d'opposition ait un degré d'extension limité , que l'autorité ait une action modérée. Enfin , l'équilibre est l'état le plus parfait de la monarchie selon la Charte.

Il ne paraît point impossible de former promptement une majorité respectable parmi tant d'élémens divers dont la Chambre des Députés se trouve composée. La discorde est dans le camp, quelques chefs ont déserté , il ne faut que rassembler les débris épars. A la vue du panache de Henri IV , et à la voix si douce et si persuasive de Charles le bien-aimé , les Députés accourront d'eux-mêmes au ralliement, et *Dieu exaucera tous les vœux des fidèles Français* (1) !

Alors, l'opposition reprendra sa véritable place, son terrain légitime sur les bancs de *la gauche;* ses

______

(1) Réponse du Roi à l'archevêque de Paris , 16 août.

membres seront écoutés avec d'autant plus d'attention et de calme, que, faisant abnégation d'eux-mêmes, ils se seront dévoués au grand intérêt national. Il y a de l'honneur, de la gloire et de la popularité à conquérir sur les bancs de l'opposition, et cette conquête en vaut bien une autre. Nous attendrons donc que les orateurs aient pris position pour les combattre ; nous savons, dès long-temps, que nous aurons à faire à des braves ; mais du moins les armes seront égales.

Quant au ministère actuel, on a tout fait pour le déconsidérer sans qu'on y soit parvenu. A force de répéter qu'un homme est un poltron, on finit par croire qu'il est plus brave que son accusateur. Le prince de Polignac est un homme de bien, justement estimé par sa loyauté et sa fidélité ; les étrangers le respectent ; la France honorera son dévoûment quand elle connaîtra les actes d'humanité et de bonté, je pourrais même dire d'héroïsme et de grandeur d'ame, qui sont naturels au cœur de son Excellence. M. le comte de la Bourdonnaye occupa toujours les avant-postes de la Monarchie ; vraie sentinelle perdue, et sans cesse vigilante, nous l'avons toujours vu, au moment du danger, le premier sur la brèche et le dernier à quitter le combat ; son courage est celui du chevalier sans peur ; ses doctrines sont celles du Député sans reproches. Mais je ne suis point chargé de faire l'apologie des Ministres, assez d'autres suppléeront à mon silence. Il reste un portefeuille à donner, espérons qu'il sera confié à la loyauté et à la fidélité !

Cessons, il en est temps, de guerroyer, à coups de becs de plume, avec le gouvernement auquel nous devons une paix durable et les plus nobles institutions. Achevons de perfectionner ces institutions chéries. Jetons un regard en arrière sur nous-mêmes, et confians dans l'avenir comme dans les royales intentions du père de la patrie, offrons à Sa Majesté l'hommage de cette pensée d'autant plus naturelle et vraie qu'elle part du cœur :

Le conquérant est craint, le sage est estimé ;
Mais le bienfaisant charme, et lui seul est aimé.

UN DÉPUTÉ.

Imprimerie d'ÉVERAT, rue du Cadran, n° 16.

Paris. Imp. d'EVERAT, rue du Cadran, n. 16.